探索发现科普知识
系列丛书

有趣的大自然

张　俊◎主编

团结出版社

图书在版编目（CIP）数据

有趣的大自然 / 张俊主编 . -- 北京 : 团结出版社 ,2024.3
（探索发现科普知识系列丛书）

ISBN 978-7-5234-0862-9

Ⅰ . ①有… Ⅱ . ①张… Ⅲ . ①自然科学—青少年读物
Ⅳ . ① N49

中国国家版本馆 CIP 数据核字 (2024) 第 055102 号

出　　版：团结出版社

　　　　　（北京市东城区东皇城根南街84号　　邮编：100006）

电　　话：（010）65228880　65244790

网　　址：http://www.tjpress.com

E-mail：zb65244790@vip.163.com

经　　销：全国新华书店

印　　装：三河市龙大印装有限公司

开　　本：170mm×240mm　　16开

印　　张：6

字　　数：70千字

版　　次：2024年3月第1版

印　　次：2024年3月第1次印刷

书　　号：978-7-5234-0862-9

定　　价：215.00元（全12册）

前言

PREFACE

　　大自然是一个奇妙无比的世界，它能通过丰富多彩的视觉、听觉、嗅觉和触觉刺激，牵动人的好奇心，推动人的想象力，引导人在不断的提问中认识世界。

　　有人说，倘若自然不值得去认识，那么生命就不值得去认识。大自然为我们提供了甘甜的水、清新的空气、适宜的温度，还有我们脚下的土地，以及地底下埋藏的金属矿物。大自然在亿万年的海陆变迁中，赋予了地球特有的物质基础，从而才使生命的出现成为可能。

　　走进大自然，牛顿从苹果落地中发现了万有引力，达尔文因喜欢昆虫而最终提出了生物进化论……大自然就是这样，无论是摇曳在田野的植物，还是奔跑在林间的动物，都充满了智慧的力量。而且，这个让人既熟悉又陌生的世界还有着隐藏的一面需要揭开，自然史上存留的空白也在等待着人们去填充。

目 录
CONTENTS

part 2　奇妙的地理

part 3　变幻的气象

part 4　有趣的植物

part 1

神秘的天文

天空为什么是蓝色的?

　　我们看到的天空是蓝色的,是因为大气层的原因。由于大气层由不同的物质组成,如大气分子、冰晶,还有水滴,在阳光的照射下就给我们呈现了蓝色的天空。太阳光是由红、橙、黄、绿、青、蓝、紫7种颜色组成的,当阳光进入大气时,波长较长的色光,如红光,它的透射力大,能透过大气射向地面;而波长短的紫色、蓝色、青色光,碰到大气分子、冰晶、水滴等时,就容易发生散射现象。被散射了的紫色、蓝色、青色光布满天空,就呈现出一片蔚蓝的景象。

▶ 透过大气的阳光

▶太阳是太阳系的中心天体

▍太阳为什么是球形的？

　　宇宙天体间存在着万有引力，彼此间的力是恒定的，任何一种物质受到来自自身的恒力，最终一定会趋于球形。引力会把一团物质拉向另一团物质，于是就会形成一个球形。这是为什么呢？因为只有球形才能使物质表面的任意一点到中心的距离相等，进而球面上任何一部分都不会"掉"向中心。引力会始终保持这种牵引作用，所以太阳是圆的。

朝阳和夕阳为何都是鲜红色的?

　　为什么朝阳和夕阳都是鲜红色的呢? 这就要再次提到大气的作用。因为大气对色光有散射作用。大气对光的散射有一个特点, 那就是波长较短的光容易被散射, 波长较长的光不容易被散射。早晚时, 阳光穿过厚厚的大气层时, 蓝光、紫光因波长短, 大部分被散射掉了, 剩下红光、橙光透过大气射入我们的眼睛。所以, 我们看到的朝阳和夕阳都是红色的。

太阳发的光和热是从哪来的？

　　太阳每时每刻都在向外辐射着它那巨大的能量，就像一个炽热的大火球，给地球带来了光和热。太阳的主要成分是氢，里面有许多氢原子核，它们互相作用，结合成氦原子核，同时放出光和热，这叫热核反应。所以，太阳的能源来自原子能。太阳的原子燃料极其丰富，它能为我们提供几十亿年的光和热。

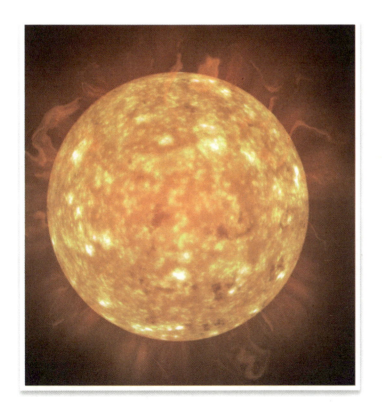

▶太阳始终在燃烧

太阳真的会被云遮住吗?

我们看远处的东西就会感觉很小,一旦走近了,才发现是视觉距离欺骗了我们。所以,当距离地球表面很远的太阳和距离地球表面很近的云在一条直线上时,偌大的太阳也能被一块云遮住。其实,云只是遮住了某一处人们的视线,在更多的地方,太阳依旧是灿烂的。

▶ 被云层遮住的太阳光线

▶地球面向太阳的一面是白天

晚上太阳去哪了呢？

地球上所谓的白天和黑夜，都是地球的自转引起的。当地球的一面对着太阳的时候，这一面就是白天；而另一面背对着太阳，太阳的光线照射不到，就是黑夜了。

月亮为何"会跟着人走"？

　　小时候你是不是也一边走一边望向天空，发现你走月亮也跟着你走？实际上，月亮不是跟着人走的。我们之所以会产生这种感觉，是因为我们选择的参照物是自己身边的景物，而月亮离我们很远。当人走动时，景物都要运动，于是月亮和景物间的关系就发生了视觉上的位置变化，因而让人有种错觉，以为月亮在跟着人走。

▶月光下的静物常被我们选择作为运动参照物

▶ 月亮比地球小很多，相当于地球的五十分之一

▌月亮"变脸"的秘密是什么？

这与太阳、地球和月亮的相对位置有关。我们知道，月亮不能发光，它只是反射太阳的光。月亮不断地绕地球转，无论转到什么位置上，地球和月亮朝着太阳的半球都会被太阳光照亮，另外半球照不到太阳光。所以，有时候我们能看到月亮受太阳光照射的全部半球，有时候只能看到一小部分，有时候完全看不到，使月亮的形状或"圆"或"缺"地发生变化，让我们欣赏到不同的"月相"。

太阳和月亮会同时出现吗？

月亮是地球的卫星，它每个月绕地球一周，因此每个月有一次"朔"和一次"望"。在从"朔"到"望"的这半个月里，月亮位于太阳的东边，在日落以前就已出现在天空；从"望"到"朔"的半个月里，月亮位于太阳的西边，日出以后仍旧留在天空。所以，有时候太阳和月亮会同时在天空中出现。

▶ 月亮只有在太阳刚出和将落时会与其同时被看到

月亮在什么时候最圆最大?

中秋是一个赏月的好时节, 为什么在这个时间月亮就又大又圆呢? 中秋节前后, 北方吹来的干冷气流会迫使夏季时的暖湿空气向南退去, 空中的云雾逐渐减少。同时, 由于太阳照射的倾斜角度渐渐变大, 地面上得到的太阳光热逐渐减少。在清冷的秋风中, 空中的水汽减少, 变得透明如洗。所以, 这时看天上的月亮, 会觉得最圆最大。

▶ 中秋的月亮分外皎洁

日食和月食分别是怎么回事?

▶ 在古代民间, 人们认为月食是"天狗吞月"

月球是地球的卫星, 在固定的轨道上绕地球公转, 地球又带着月球围绕太阳公转。在运转期间, 当月球位于地球和太阳中间, 这三个天体处在一条直线或几乎处于一条直线上时, 由于月球挡住了太阳, 这时就会发生日食。而当月球转到地球背向太阳的一面, 这三个天体处于一条直线或几乎处于一条直线上时, 因为地球挡住了照向月球的阳光, 这时就会发生月食。

白天星星都去哪里了？

当我们所处的地球正对太阳时，就是白天，因为太阳离我们更近，它所发出的光远远超过遥远的星星的光亮，所以我们就不能看到星星了。小朋友们可以通过一个小实验来加深理解：找一个小手电，在正午的阳光下或是在明亮的屋里照在墙壁上，结果会发现墙壁上什么光也没有。但是，如果在黑暗的环境中你再用手电照一下墙壁，就会看到清晰的手电光。这和白天看不见星星的道理是一样的。

▶夜晚，天空中繁星闪闪

▶星球与星空

星星会不会掉下来?

　　星星不会掉向地面或飞向别处都是因为天体间有一种固有的引力,这个引力正好可以维持它们现在所处的状态,这个引力的大小是可以计算出来的,牛顿是这个引力的发现者。宇宙中任何物体受到的不同方向的引力是平衡的,所以地球、太阳和其他星星都能沿着各自的轨道运行,谁也不会把谁吸引过去,而星星自然就不会从天上掉下来了。

知识链接

　　通过大气层燃烧的石头就是流星,没烧完掉到地上的就是陨石。地球上,平均每10分钟就有一颗流星划落,只是有的用肉眼看不见。

天上到底有多少颗星星？

据天文学家研究，人用肉眼可见的天空中的星星一共有 3000 颗左右，而用望远镜观察，哪怕是一架最小的望远镜也可以看到 5 万颗以上的星星，而最大的天文望远镜能看到 10 亿颗以上。但是，天上的星星不止这些，有些星星离我们太远，它们在我们最大的望远镜下也只是一个模糊的光斑而已，其中到底有多少颗星星更是没法计算。宇宙无穷无尽，我们现代天文学上所能看到的只不过是宇宙的一小部分而已。

▶ 星团

▶ 星星都有自己的运行轨道

星星之间会相撞吗？

　　虽然星空看起来特别稠密，但实际上星星之间的距离十分遥远，而且星星在天上的运行是有规律的。前面我们已说过，固有的引力把它们固着在一定的轨道上，所以它们之间不可能发生相撞，或者说相撞的可能性极小。

流星是怎么出现的？

　　太阳系内游荡着许多大大小小的石块和尘埃物质，当这些碎石、尘埃进入大气层后，会因为受到地球引力的作用，速度大大加快，在穿越大气层时便与大气发生激烈的摩擦，从而迅速地变热、燃烧、发光、汽化，这种现象叫流星。流星落下，常在空中留下痕迹，那就是我们在夜空中所见到的那条很亮的弧形光。

▶壮观的流星雨景观

▶恒星的颜色多种多样

恒星为何有不同的颜色？

由于恒星自身温度的不同，它们的颜色各有不同，这也取决于它们年龄的大小。其中，温度最高的恒星是蓝色的，这说明它很年轻，然后是白色、黄色（比如太阳），温度最低的恒星则呈现出红色，这说明它已进入老年了。恒星的颜色和恒星的大小没有关系，但是如果两颗同等温度的恒星相比，则大一点的恒星看起来更亮。

美丽的极光是怎么出现的？

　　在地球南北两极附近地区的高空，夜间常会出现红的、蓝的、绿的、紫的光芒，这种壮丽动人的景象就是极光。极光的产生和太阳活动、地磁场与高空稀薄的大气都有密切关系。我们知道，由于太阳是一个庞大炽热的球体，在它内部和表面存在着各种化学反应，并产生了强大的带电微粒流。当这种带电微粒流射向地球南北两极的高空大气层时，高层空气分子或原子激发或电离，由此就产生了极光。

▶ 极光景象

极光都有什么颜色？

极光是天空中一种奇特的自然光，其实只有在高纬度的地方才可以看见，它是人们能用肉眼看见的唯一的超高层大气物理现象。极光的颜色五彩斑斓，这主要是由地球大气中的气体所决定的。通常来说，当带电粒子撞到氧原子时，氧原子会受激发，出现红光和黄绿色光；带电粒子撞到氮时，电离状态的氮发出蓝光，中性的氮发出的则是紫红色光。如果地球大气层充满了氖气，那么极光的颜色就是橘黄色。事实上，其他的气体也可发光，但我们的肉眼难以分辨出来。

▶极光的颜色绚烂多彩

极光为何只出现在南北两极？

地球本身是个大磁场，而它的两个磁极就在地球的南北极附近。当强大的太阳发生的带电粒子流冲向地球时，在地球磁场作用下折向南北两极附近，遇到地球大气中的气体分子而激发出极光现象。

▶绿色极光

一年四季是怎么来的?

地球围绕太阳不停地公转，其公转的路径与赤道有个夹角，这个倾角使太阳光在地球表面的直射点在南、北回归线之间移动，从而形成了春、夏、秋、冬四个季节。也就是说，当太阳直射点在北回归线时，北半球接受太阳辐射多，就是夏季；而南半球接受的少，就是冬季。当直射点在南回归线时，北半球接受太阳辐射少，就是冬季；而南半球接受的多，就是夏季。当太阳光直射点在赤道时，南北半球接受辐射相同，一个是春季，一个是秋季。例如，当北半球的北京处于大雪纷飞的严寒冬季时，南半球的澳大利亚却是烈日炎炎；当我国的华北平原忙于春耕播种时，澳大利亚则迎接着收获的金秋季节。

▶地球各处接收的太阳辐射是变化的

▶地球围绕太阳旋转

四季的长短为何不一样？

　　地球上四季时间长短不一样，主要取决于地球离太阳的远近。由于地球绕太阳运行的轨道是一个椭圆，太阳并不在这个椭圆的中心，而是在这个椭圆的一个焦点上。这样的话，地球在绕太阳运行的时候，与太阳的距离会有时近、有时远，所以，就出现了四季时长不一样的现象。

南极和北极有四季变化吗？

在北极圈和南极圈内，只有两个季节交替变化：半年是夏季，半年是冬季，冷暖程度十分明显。夏季，太阳整日不落，气温较高，叫作极昼；冬季，终日见不到太阳，气温很低，叫作极夜。事实上，北极和南极处在地球上的两个端点，虽然也会有阳光照射的时候，但阳光带去的热量很有限。所以，地球的南、北极始终是寒冷的。

▶南极和北极只有两个季节

▶ 炎热的夏季

"冷在三九""热在三伏"是怎么回事？

"三九"是指冬至以后的第三个九天，"三伏"一般是从夏至后的第三个庚日算起。冬至时，北半球白昼最短、黑夜最长，以后太阳光照的时间开始增加，但地面热量支出仍大于收入，所以，地面气温继续降低。到了地面吸收到的太阳辐射的热量等于地面散发的热量时，气温才达到最低，这个时间在"三九"前后，这就是我们所说的"冷在三九"。同理，夏至那天，我国大部分地区白昼最长，太阳辐射最强。此后，地面收入的热量仍大于支出的热量，气温还在继续不断攀升，到了"三伏"前后，大气的热量收入等于支出的热量，大部分地区气温达到最高，这就是所谓的"热在三伏"。

极昼和极夜现象是怎么出现的？

　　极昼和极夜是高纬度（极地）地区特有的自然现象。当出现极昼时，在一天24小时内，太阳总是挂在天空；而当出现极夜时，则在一天24小时内见不到太阳的踪迹，四周一片漆黑。产生这种现象的原因是：地球自转轴与公转平面之间有一个夹角，这个夹角在地球运行过程中是不变的，所以地球上的阳光直射点会南北移动。当太阳光直射在北回归线上时，整个北极圈内都能看到极昼现象，而整个南极圈内会出现极夜现象。当太阳直射到南回归线上时，整个南极圈都是极昼，而整个北极圈内出现极夜现象。

▶阳光是地球的光明之源

▶常年积雪的祁连山

▌离太阳越近的地方越热?

　　地球表面的热量来源于太阳,而太阳是通过大气给地球增温,地球表面的红外线辐射又把热"返"回给大气,把地面上方的大气加热。大气的分子主要集中在低层,越往高处,空气越稀薄。也就是说,山下大气稠密,接受太阳的热多,"传"到地面上的热就多,地面再"返"给大气的热也多,所以气温比较高;而山顶的大气稀薄,接受太阳的热少,"传"到地面上的热也少,地面再"返"给大气的热也就少。每升高 100 米,气温会下降 0.6℃左右。我国祁连山、天山、昆仑山、喜马拉雅山这些高山的一些山峰上常年覆盖着冰雪,而赤道上有些很高的山峰也终年积雪。

白天和黑夜是如何更替的？

　　地球上之所以有白天和黑夜的区别，是由于地球自转的缘故。自转中，地球总有一半是向着太阳，一半是背着太阳。向着太阳的半边接收到太阳光的辐射，就是白天；背着太阳的半边就是黑夜。地球每自转一圈就是一次白天、黑夜的更替，地球时刻不停地自转着，所以，白天和黑夜总是不断地、有规律地更替着。

▶地球的自转形成了黑夜与白天

part 2

奇妙的地理

▶ 南极四面环海

南极和北极哪个更冷?

　　南极和北极是地球上最冷的地方，但二者相比起来，南极比北极还要冷些。因为南极是一个四面环海的冰原大陆，冰原上极为寒冷，最低气温能达到 -90℃，且一年四季经常遭遇强烈的风暴。而北极地区是四周被大陆包围的海，中间是北冰洋，其中还有一股大西洋暖流流入，使得北极地区的最低气温是 -60℃，比南极地区稍微暖和一些。

现在的海陆分离是怎么回事？

在很久很久以前，地球上所有的陆地都是连在一起的，后来发生了强烈的地壳运动，两个大陆板块发生碰撞，使得它们的前沿处产生翘曲，形成山脉。而在大洋中的板块因密度较大，则插入大陆板块之下，形成海沟。于是，现在的海陆分布状态就形成了。据地理学家研究，一年中，板块可以移动2.5厘米左右，在亿万年之后，地球还会有沧海桑田的变化。

▶阿尔卑斯山就是地壳运动的结果

平原是如何形成的？

平原是人类的主要栖息地，主要有冲积平原和侵蚀平原两种类型。冲积平原主要是由河流携带的泥沙冲积而成，其特点是地表平坦、面积广大，多分布在河流中、下游的两岸。侵蚀平原主要是由海浪、风、冰川等外力的不断剥蚀、侵蚀而成，这种平原的地表起伏比较大。在我国，最常见的是冲积平原，比如华北平原、东北平原、长江中下游平原等都是面积广阔的典型的冲积平原。

▶来古冰川的冲积平原

▶沼泽

沼泽是怎么形成的？

　　主要是由于地面长期积水或土壤长期过湿，致使土壤表层有机质堆积过多而缺乏植物养料的灰分元素，从而形成了沼泽地。河流中带有许多泥沙，这些泥沙会在水流变慢的地方沉积下来，并慢慢生长出许多植物。久而久之，就形成了沼泽。沼泽可能形成于河边水草生长的地带，也可能形成于沿海被海水经常淹没的地方。另外，杂草、芦苇丛生的地方，乃至陆地上也有可能出现沼泽。

盆地是怎么形成的?

　　盆地的形状就像一个盆,四周高,中间低。盆地的周围一般都围绕着高原或山地,中部是平原或丘陵。由于成因的不同,盆地可分为构造盆地、侵蚀盆地等。构造盆地是由于地壳构造运动形成的,如我国的吐鲁番盆地、江汉平原盆地。侵蚀盆地是由冰川、河流、风和岩溶侵蚀而形成的,如我国云南西双版纳的景洪盆地,主要由澜沧江及其支流侵蚀扩展而成。盆地面积大小不一,大的可达 10 万平方千米以上;小的盆地只有几平方千米,在贵州叫"坝子"。

▶ 盆地景观

▶丘陵景观

丘陵是如何形成的?

丘陵一般多分布在山地或高原与平原的过渡地带,但也有一些孤丘散布在平原之中,如我国北京市的八宝山。丘陵通常海拔在 500 米以下,相对落差不超过 200 米。一般孤立存在的称为丘,许多丘连在一起才成为丘陵。丘陵多是因为山地或高原长期经受侵蚀而形成的,而且多处在山前地带,所以丘陵地区的降水比较丰沛。在陆地上,丘陵分布十分广泛,我国就有 100 万平方千米的丘陵,相当于全国总面积的 1/10。

河流是怎么形成的?

　　海洋里的水蒸发后会再降落下来，这时，有的蒸发后降落在海上，而有的蒸发后却落到陆地上，于是，降落到陆地上的水便自动找寻路径从高处向低处流动，如果路径比较固定，水流的蚀刻就会形成一道沟壑，便成了河流。其实，河流一开始可能是融化的雪水，也可能是地面上涌出的一股泉水，或是雨水所汇集的小溪。但是，当水越聚越多时，便慢慢形成了河流。河流的源头一般是在高山上，然后沿着地势向下流，一直流入湖泊或海洋。

▶河流风光

▶被风化的岩石

地球上的岩石是怎么产生的?

　　岩石是构成地球表面的物质,它随着地壳的缓慢运动而发生着改变。地壳运动时,高山受挤压耸起,经风化侵蚀后,被分解成沙砾、碎屑堆积起来,形成各种岩石。这些岩石可能沉入地幔,在高温下熔化,而当火山喷发时,便以岩浆的形式喷到地面上。液岩遇冷凝固,又变成岩石,然后经风化、分解,开始下一个循环周期。

大理石的美丽花纹是如何形成的？

实际上，一般出产大理石的地方都曾是海洋。海底沉积着许多动植物的遗骸及碳酸钙，由于地壳的运动它们被深埋在地下，且发生了地质变化。其中，碳酸钙逐渐形成了白色的石灰岩，而那些动植物遗骸则夹在岩石中，逐渐演变为黑色的灰质岩。所以，大理石就有了美丽的花纹。

▶ 大理石的美丽花纹——天心洞

▶石灰岩洞——黑风洞

石灰岩溶洞是怎么形成的？

很多溶洞都是著名的旅游胜地，如杭州的瑶琳仙境、桂林的七星岩等。可是，这些引人入胜的溶洞又是怎样形成的呢？

经考察，这些地方都是一片片面积很大而又巨厚的石灰岩山地。石灰岩的主要成分是碳酸钙，很容易被含有二氧化碳的水溶解，并随水流走，天长日久，流水就会把岩石的裂缝和小孔侵蚀成大小不等的洞穴。这些洞穴中的水分经不断蒸发和沉淀，会形成各式各样的石笋和钟乳石。溶洞并不是处处可见，大多集中在我国南方，这是因为，石灰岩的溶解速度只有在南方高温多雨的条件下才能达到最佳。

溶洞里的钟乳石是怎么生长的？

溶洞中通常长着千姿百态的钟乳石和石笋，这是因为溶洞多是由石灰岩构成的。溶洞顶上有许多裂隙，裂隙里常有水滴渗出来。每次水分蒸发后，那里就会留下一些石灰质沉淀。时间长了，石灰质越积越多，就形成了钟乳石的雏形。之后，石灰质会越垂越长，甚至能达到几米以上。

石笋是钟乳石的亲密伙伴，当洞顶上的水滴不断落下时，地面上也会沉积起许多沉积岩，并朝着钟乳石不断向上生长。可以说，钟乳石比石笋先生长出来，但石笋底盘大，不易折断，所以它的生长速度比钟乳石还快，有的能长到 30 米高，就像平地里生长出来的"石塔"一样。

▶钟乳石和石笋

▶ 安大略湖美景

湖水的不同颜色是如何形成的?

　　湖的颜色有许多种，这与一种叫作石灰岩的物质有关。湖间有许多岩石，岩石里含有碳酸钙，当溶解了碳酸钙的水接触到水生植物，就会产生化学反应，使一部分碳酸钙沉积在湖底或湖边，并逐渐形成一种多孔岩石，这就是石灰岩。那些沉积在湖边的石灰岩，在阳光照耀下闪闪发光，而从沉积在湖底的石灰岩反射出来的光线，就会使湖水呈现出各种颜色。此外，湖水的深浅、阳光的强弱、石灰岩的薄厚以及湖中水藻的多少和种类都会影响湖水的颜色，所以我们看到的湖水有的乳白，有的浅绿，有的深蓝，有的深绿，各不相同，非常美丽。

湖水的咸淡是如何形成的？

　　大多数湖泊里的水都是河水注入的。河水在流动过程中，会把经过地区的岩石和土壤里的部分盐分溶解，加上沿途流入的地下水中也含有盐分，所以当河流经过湖泊时，便会把盐分带给湖泊。这时，那些水源充足、水流通畅的湖，因盐分很难集中就成为淡水湖；而那些水源不足、排水不畅的湖，则随着水分的蒸发，含盐量越来越高，就变成咸水湖。

▶ 埃尔杰里德盐湖

▶海水里含有丰富的盐

海水里的盐分来自哪里？

　　海洋刚形成的时候，地球上经常发生火山爆发、地震，大量的水蒸气使雨水格外频繁。降雨后，雨水便把陆地上土壤和岩石里含有的大量盐分带入海里，使得海水里的盐分越来越多。而海水受到阳光的照射，水分不断蒸发，但盐却始终留在海水里，久而久之，海水就是咸的了。

海水真的是蓝色的吗?

其实,海水不是蓝色的,而是无色透明的。之所以看起来是蓝色的,是因为阳光的作用。阳光由红、橙、黄、绿、蓝、靛、紫7种颜色构成,其中,波长较长的光比较容易透射进海水里,并且容易被海水或海洋生物吸收,而波长短的光大部分发生了反射和散射而不能进入海水。在7种光中,蓝光和紫光波长最短,当太阳光照射到海面上时,它们几乎被完全反射和散射,人的眼睛更容易感觉到蓝色,所以我们看到的海水就呈现蓝色了。

▶ 蔚蓝色的海岸线

▶ 潮汐

潮起潮落是怎么回事?

海水每天都会发生涨潮和退潮,这种现象就是潮汐。海洋潮汐主要起因于月亮对海水的吸引力。地球一直在不停地自转,当海洋随着地球转到面向月亮的一侧时,月亮对海水的引力增大,会引起海水上涨。同样,当海洋背对月亮的一侧时,月亮吸引地球,将地球拉近,也会引起背面的海水上涨。地球每 24 小时自转一周,所以海水每天涨落两次。

太阳对海洋潮汐也有影响,但比月亮的影响小很多。当月亮和太阳在地球的同一侧面排成一条线时,它们对海水的引力相加,会引起大潮;当月亮和太阳的位置相对于地球成直角时,它们的引力会有所抵消,形成小潮。无论大潮还是小潮,每次涨潮时,潮水都会携带着大量废弃物冲上海岸,对海洋有着明显的净化作用。

赤潮是一种什么现象?

赤潮发生的主要原因是环境污染。当大量污染物排入海洋，会使海洋中的磷、氮等营养盐和铁、锰等微量元素含量迅速上升，出现"富营养化"现象。营养物质过多会导致甲藻类、鞭毛虫类爆炸性繁殖。所以，赤潮是一种由于局部海区的浮游生物突发性地急剧繁殖并聚集在一起的现象。当海水中的那些赤潮生物大量死亡后，海水就会被"染"红。

▶ 赤潮现象

▶ 海藻使海水呈现黄色

黑海是如何变成黑色的？

　　黑海里的水呈黑色有多种原因。首先，黑海只有一个出口，海水不能及时、大量地与外海的海水交换。其次，黑海的表层海水因为有大量淡水注入，密度较小，而其深层的海水来自地中海的高盐水，密度较大。当上下海水之间形成了密度飞跃层，就严重阻碍了上下水层的水交换，使得黑海深层缺乏氧气，大量海水中生物分泌的秽物和死亡后的尸体沉入深处导致腐烂发臭，最后污泥浊水就把海水染成黑色了。

▶ 美丽的岛屿

岛屿是怎么形成的?

四面环水的小块陆地就是岛屿。根据岛屿的成因，大致可分为大陆岛、海洋岛（火山岛、珊瑚岛）和冲积岛。大陆岛是因地壳上升、陆地下沉或海面上升、海水侵入等，使部分陆地与大陆分离而形成的。世界上较大的岛基本上都是大陆岛。火山岛是海底火山爆发或者地震隆起时，由岩浆喷射物的堆积和隆起部分形成的岛屿，比如太平洋中的夏威夷岛，就是典型的火山岛。珊瑚岛就是由珊瑚虫遗体堆积而成的海岛，这种类型的岛屿在太平洋的浅海中比较集中，如澳大利亚东北面的大堡礁。而冲击岛则是由河流或波浪冲击而形成的岛屿，我国长江口的崇明岛就是冲积岛的代表。

冰川是怎么形成的？

在南极和北极或一些高山地区，由于气温很低，使得白天融化的雪到了晚上便冻成了冰晶。冰晶与雪花可结成粒雪，粒雪经过进一步合并压实，就变成了白色透明的粒冰。粒冰继续受压，逐渐变成蔚蓝色的块冰，也就是冰川冰。雪花—粒雪—粒冰—块冰的过程，在冰川学上叫作"成冰作用"，这一过程非常缓慢，一般需要数十年，甚至数百年。当冰川冰积累到一定厚度，受重力作用，就从高处向低处移动，形成冰川。冰川的形成还有个必备条件，那就是积雪区的高度要超过雪线。雪线是每年降雪刚好当年融化完的海拔高度。如果一个地区没有超过雪线，那么该地区就不可能形成冰川。

▶冰川上冰的年龄越大，冰体越显得格外好看

▶撒哈拉沙漠

沙漠是怎么形成的?

　　沙漠的成因分为自然因素和社会因素两种。从自然方面来说，沙是形成沙漠的物质基础，风是制造沙漠的原动力，而气候干旱则是沙漠形成的必备条件。在荒凉的戈壁，那些被吹跑的沙粒在风力减弱或遇到障碍时堆成许多沙丘，就形成了沙漠。地球上，南北纬15°~35°的信风带区域，由于气压高、雨量少、空气干燥，是比较容易形成沙漠的地域。沙漠的形成还有一个社会原因，那就是乱砍滥伐，使森林、草原受到破坏。我国的沙漠面积超过70万平方千米，世界上其他地区的沙漠也有很多，比如非洲撒哈拉沙漠，面积有800多万平方千米。

"鸣沙"是一种什么现象？

鸣沙现象多发生在沙漠地区高大的山上，声音很大而且怪异。经研究，出现鸣沙现象需要具备几个条件：沙山高大陡峭，呈月牙形；细沙成分以石英为主；沙山下有可供蒸发的水源。我们知道，声音是由空气振动产生的，鸣沙也是如此。沙粒之间的空隙充满空气，只要遇到风吹或者人畜走动，就会引起沙粒间的空气振动，发出共鸣声。而陡峭的月牙形山坡与山脚下水分蒸发形成的幕障则构成一个天然"共鸣箱"，能加大和修饰鸣沙的声音，使声音形成震耳欲聋的轰鸣。一旦共鸣箱遭到破坏，沙子就不会叫了。

▶世界上最大的鸣沙区——巴丹吉林沙漠

▶东非大裂谷是地壳板块运动的杰作

▌"地球的伤痕"是如何产生的?

大约 3000 万年前,东非地区曾发生过强烈的地壳断裂运动,当地壳岩层受到地壳运动引起的强大外力时,便发生了断裂和破碎,从而形成裂谷。随着抬升运动不断进行,地壳的断裂不断产生,地下熔岩不断涌出,渐渐形成了高大的熔岩高原。高原上的火山则变成众多的山峰,而断裂的下陷地带则成为大裂谷的谷底。著名的东非大裂谷是世界上最长、最深的大断层,被称为"地球的伤痕"。目前这条大裂谷仍在以每年 5 厘米的速度向两侧扩张。据科学家们预测,按照这种速度扩张下去,在 2 亿年后,裂谷间将会形成一个新的海洋。

土壤的颜色是怎么形成的？

　　土壤的颜色是由各地不同的自然条件决定的。我国北方气候温和干燥，蒸发量大于降水量，风化作用较弱，土壤处于弱淋溶状态。一些易溶性物质如氯、硫、钠、钾等大多被淋溶掉，只保留了硅、铁、铝等。钙与植物分解产生的碳酸结合成碳酸钙，在土壤中形成碳酸钙聚积层，所以土壤的颜色分别呈现出栗色或棕色。在热带和亚热带多为红土。这是因为那里的气候高温多雨，地表风化和成土作用十分活跃，土壤在雨水的作用下，很多物质被分解和淋溶，但流动性很小的氧化铁和氧化铝在土层中富集起来，氧化铁为红色，所以土壤呈现红色。对于青土和白土，则是因为岩石本身仅含有单一颜色或相同色彩的矿物，在风化后，土壤便呈现白色或青色。

▶ 美丽的田野

▶铁矿石

铁矿是怎么形成的？

地球上分散在各处含有铁成分的岩石经风化崩解，里面的铁被氧化，形成氧化铁溶解或悬浮在水中，随着水的流动，逐渐沉淀堆积在水下，由此成为铁比较集中的矿层。在这一过程中，许多生物起到了重要作用。此外，有些铁矿是岩浆活动造成的，岩浆在地下或地面附近冷却凝结时，会分离出铁矿物，并在一定的部位集中起来。而且，岩浆与周围岩石接触时，也可以相互作用，形成铁矿。

▶几亿年前，一些树木等植物变成了今天的煤

煤是怎么形成的？

煤形成于远古。千百万年来，生长繁茂的植物在适当的地质环境中逐渐堆积而成一层极厚的黑色的腐殖质。随着地壳的变动，这些腐殖质不断地被埋入地下，长期与空气隔绝，并在高温高压下发生一系列复杂的物理化学变化，最终形成黑色可燃沉积岩。由于埋藏深度和埋藏时间的不同，形成的煤也不一样。

化石是如何形成的?

　　古代生物的遗体随着泥沙的沉积被埋入地球深处。由于地底下的压力大、温度高，沉积的泥沙逐渐变成岩石，而动物、植物的坚硬部分也随之变得像岩石一样坚硬，最后原本柔软的部分，如植物的叶子会在地层中留下印迹。由此，化石就形成了。化石形成后，不管地球上发生怎样的变化，它也不会改变，所以科学家们利用化石来了解地球的历史。比如，科学家在喜马拉雅山上找到了鱼龙的化石，而鱼龙是2亿多年前生活在海洋中的动物，从而证明了喜马拉雅山区在2亿多年前是一片汪洋大海。

▶鱼龙化石

part 3

变幻的气象

云是怎么形成的？

天上的云千变万化，那么，云是怎样形成的呢？

原因很多，主要是由于潮湿空气上升而形成的。地面上的水在太阳的照射下会变成水蒸气，水蒸气随着地面上的热空气一起上升到空中。当上升空气的饱和水气压下降时，就会有一部分水蒸气以空中的尘埃为核而凝结成为小水滴。这些小水滴非常轻，但浓度却很大，在空气中下降的速度极慢，就这样，它们被上升的空气托着，在空中飘来飘去。当大量小水滴聚集在一起时，便形成了天上的云。

▶云飘在空中

▶ 云的形状变化万千

云的各种形状是如何形成的？

云的形状之所以千差万别，主要有三个原因：一是不同高度的气温不一样，越往高处，气温越低，所以在 4000 ~ 5000 米高处的云是水滴云，形状就像羽毛、鱼鳞和棉花一样。二是风速不同。在大气层中，结晶的小冰粒不容易消失，而水滴是很容易蒸发的。距地面高度越高，风力越强，一旦形成了冰晶，云就不容易消失，形状就像羊群和灰色帐篷，有的云会被强风吹得像拖根尾巴一样。三是高度不同，水蒸气的含量也不一样。因而，天空中越高的地方，云层越淡，云的形状就像雾一样。

▶ 云层

云为什么飘在空中？

我们从地面上看，云总是悬浮在天空中，这是因为空气对云有向上的浮力作用。另外，云中小水滴在下落时还会受到空气的阻力，这种阻力的大小与云中小水滴的大小和下落的速度都成正比。所以，如果云中小水滴下落，浮力和阻力会进行阻挡，当这两个力的合力与云中小水滴受到的重力相等时，它就以不变的速度下落，只是这个下落的速度很慢，每小时不足 2 米。同时，云中小水滴在下落过程中会因压缩而增温，从而重新变成水蒸气。这样，我们从地面上看天空，云总是悬浮在天空中的。

人工降雨是如何做到的?

人工降雨也不是无中生有的。对于冷云,人们把干冰等催化剂加入具备人工降雨条件的冷云中,使云里面出现大量冰晶。这些冰晶能冷却云中水滴,并使水滴增大变重,变为雨降落到地面。对于暖云,需要加入食盐等吸湿性催化剂,可促使暖云中水滴碰撞并增大,变成雨滴降落下来。

▶人工降雨需要的干冰

打雷闪电是怎么回事?

▶神奇的闪电

下雨时,云层上部带正电荷,云层下部带负电荷。当两种带不同电荷的云接近时,便互相吸引而出现闪电。在闪电的作用下,闪电中的高温使水滴汽化、空气体积剧烈膨胀,并且发出很大的声音,这就是雷声。所以,打雷和闪电是在同一过程中发生的,一个是声学现象,一个是光学现象。

什么时候会下雷阵雨？

夏天，空气中有很多水汽，它们会随着阳光的照射而上升，形成积云。积云继续上升，并不断扩大且加厚，从而变成浓积云。浓积云在适宜的条件下继续上升，在上升中遇冷便凝结为小水滴、冰晶，然后迅速向四边扩展，只需很短的时间就能布满天空，形成几千米厚的积雨云。由于产生积雨云的强烈热力对流只有在夏季才容易出现，所以夏季易出现雷阵雨。

▶积雨云

▶乌云挡住的是太阳的光线，太阳依然高照

下雨时太阳去哪里了?

下雨时太阳为什么会不见了? 其实，太阳依然挂在空中。我们之所以看不见太阳，是因为它被厚厚的乌云遮住了。相比之下，乌云离我们较近，太阳较远，所以，乌云能挡住阳光。等雨过天晴，乌云散去，我们就又能看到太阳了。换句话说，只有下雨的这一片区域看不见太阳，其他晴朗的地方还是阳光普照的。

"梅雨"是怎么形成的?

梅雨就是霉雨。每年6月至7月,我国江淮地区的天气总是阴沉沉的,细雨连绵不断,有时还会下暴雨。由于正值梅子黄熟时节,人们把这种天气叫黄梅天,气象上叫梅雨。

梅雨的产生原因是这一时期北方南下的冷气团和南方北上的暖湿气流由于势力相当在长江下游地区形成准静止锋,在大气层12千米以下的范围内,上部分是暖湿空气,下部分是冷空气,在交界处冷空气遇冷而凝结成水滴,继而就形成了雨。因为冷暖气流交界处的湿度很大,空气总是很潮湿,而且温度又较高,存放的东西容易发霉,所以人们又把梅雨称为"霉雨"。

▶暖湿气流影响下的降雨

▶彩虹

雨后的彩虹是怎么形成的?

　　夏天雨后,乌云飞散,太阳重新露头,在太阳对面的天空中,会出现半圆形的彩虹。这是因为下完雨后,空气中悬浮着许多小水滴,小水滴在太阳光的照射下就产生折射和内反射。太阳的可见光——红、橙、黄、绿、蓝、靛、紫七色光的波长都不一样,当它们照射到空中这些小水滴上时,各色光被小水滴折射和反射的情况也不同,于是就形成了七彩的虹。彩虹发生的方位总是和太阳的位置相对的,早晨出现在西边,午后出现在东边。虹的色彩与水滴颗粒大小密切相关,水滴大,虹就清晰鲜明;水滴小,虹就不那么鲜艳了。此外,在太阳光照射下水滴会蒸发,所以彩虹很快就会不见了。

彩霞是如何形成的?

早晨和傍晚，在日出和日落前后的天边，时常会出现五彩缤纷的彩霞。彩霞是由于空气对光线的散射作用形成的。当太阳光射入大气层后，遇到大气分子和悬浮在大气中的水滴、灰尘就会发生散射，形成彩色光带。靠近地平线的地方，由于阳光穿过的大气厚度最大，波长较短的光线几乎全部被散射掉，只有红光能够透过，所以我们看到一片红色；再往上一些，阳光穿过的大气层稍薄一些，散射得稍少一些，于是出现橙黄色。另外，大气对阳光的散射作用与大气中的水滴、灰尘多少也有关系，水滴、灰尘越多，彩霞的颜色越艳丽。天空中如果有云，那么厚重的低云会被染成红色，中云则只能染上橙色或黄色，而高云会保持白色不变。

▶ 洪湖水边的火烧云

▶冰雹是一种自然灾害

冰雹是怎么形成的?

　　冰雹必须在对流云中形成。夏天,太阳把地面晒得很热,地面的空气也非常热,但是高空的空气温度比较低,而且高度越高,温度越低。当空气中的水汽随着气流上升,就会凝结成液体状的水滴,如果高度不断增高,水滴就会凝结成固体状的冰粒。冰粒会吸附附近的小冰粒或水滴而逐渐变大、变重,等到冰粒长得够大够重,上升气流无法负荷它的重量时,冰粒便会往下掉,形成冰雹。因为只有在气温很高的情况下,才能有足够的上升气流,所以只有夏季会产生冰雹。

露水是怎么形成的？

　　白天气温较高的情况下，夜晚温度会有所下降，这时空气中的水分就会遇冷凝结。一般情况下，水在可润湿固体表面凝结时，容易铺展开来渗透进去，所以在墙壁、路面、老树干等上面看不到水珠。水对多数植物的新鲜茎叶的润湿能力一般较差，所以水珠会以椭球状凝结；如果茎叶表皮绒毛符合一定排列规律的话，水的润湿能力将会更差。所以，我们能在花草叶上看到球形水珠。露水会在早晨八九点以后，随着气温的升高而自动消失。

　▶露珠将叶脉放大，这是自然界中很常见的现象

▶霜叶

霜是怎么形成的？

　　在寒冷季节的清晨，草叶上、土块上常常会覆盖着一层白色的冰晶，这就是霜。霜的形成与当时的天气条件有关。在深秋、冬季和初春的夜里，由于大地白天受到阳光的照射，表面的水分不断地蒸发。这些蒸发出的水汽留在地面附近，到了夜晚气温降低，就会附着在物体上凝成冰晶，这就形成了霜。此外，霜的形成和地面物体的属性有关。也就是说，一种物体，如果与其质量相比，表面积相对大的话，那么在它上面就容易形成霜。草叶很轻，表面积却较大，所以草叶上就容易形成霜。而且，物体表面粗糙的，要比表面光滑的更有利于辐射散热，所以在表面粗糙的物体上更容易形成霜，如土块等。霜多形成于夜间，日出后不久就会融化，但是在天气寒冷的时候或者在背阴的地方，霜也能终日不消失。

雾是怎么形成的？

因为空气所能容纳的水汽量是有一定限度的，当达到最大限度时，就称水汽饱和。气温越高，空气中所能容纳的水汽量也越多。如果空气中所含的水汽量多于一定温度条件下的饱和水汽量时，多余的水汽量就会凝结出来，变成小水滴或冰晶，悬浮在近地面的空气层里。如果近地面空气层里的小水滴多了，阻碍了人们的视线，就形成了雾，我们通常说的雾就是这样形成的。所以说，雾不是从天上掉下来的，它和云一样都是由于温度下降、水汽凝结而形成的，也可以说是靠近地面的云。

▶沼泽地的雾气可使人中毒

▶白雪皑皑的富士山

雪为什么是白色的？

　　雪是白色的，这是由构成雪花的无数冰晶所产生的反光造成的。由于冰对各种颜色的光的反射系数几乎都是相同的，而反射光和入射光又是完全同质的，因而在白天雪花就是白色的。当光进入雪表层的冰晶的时候，反射方向被轻微改变，然后传到下一个冰晶，并重复同样的过程。也许一个晶体的表面因为反光弱而显得透明，但多个晶体的反光就会使雪花几乎变成"镜子"。据研究，刚降落的雪能够反射95%的光线！所以，刚下的雪才会显得格外洁白。

雪崩是如何发生的？

雪崩是积雪的大面积滑动造成的，造成雪崩的主要原因是山坡积雪太厚。积雪经阳光照射后，表层雪融化，雪水渗入积雪与山坡之间，使积雪与山坡地面的摩擦力减小；同时，积雪层不停地从山体高处借重力作用顺山坡向下坍塌，从而形成雪崩。雪崩的发生一般都非常偶然，有时是因为地震，有时一点点的震动或者声音都可能引发一场雪崩，比如动物踩裂雪面、有人大声说话等。雪山崩塌时，速度可达每秒 20 ~ 30 米，体积可以是几百立方米甚至几千立方米。

▶ 雪崩瞬间

▶ 沙漠中正在形成的沙尘暴

沙尘暴是怎么形成的？

沙尘暴的形成需要满足 3 个条件，那就是沙尘源、强风和不稳定的大气层。沙尘是基础，强风是动力，那么大气层的稳定性与沙尘暴有什么关系呢？原来，如果低层空气温度高，比较稳定，那么受风吹动的沙尘就不会被扬起很高；如果低层空气温度高，不稳定，那么风就会把沙尘扬起很高，形成沙尘暴。在我国北方地区，春季干旱少雨，土质疏松，加上气层的热力抬升作用，就很容易形成沙尘暴天气。而沙尘暴一般都是在午后到傍晚之间最强，就是因为这是一天中空气最不稳定的时段。

龙卷风是怎么形成的?

　　关于龙卷风的成因目前还没有定论。一般认为，当强烈的上升气流到达高空时，如遇到很大水平方向的风，就会迫使上升气流向下倒转，从而产生许多旋涡。在上下层空气进一步激烈扰动下，这个旋涡会逐渐扩大，形成一个呈水平方向的空气旋转柱，旋转柱上端与云层相接，下端与地面或海面相接，这就是龙卷风。龙卷风经常伴随雷雨出现，虽然范围小，但它的内部空气稀薄，压力很低，就像一台巨大的吸尘器，直到风力减弱，才把吸进去的东西扔下来，破坏力很强。

▶ 龙卷风

▶ 台风气旋

台风是怎么形成的?

　　在海洋面温度超过 26℃以上的热带或副热带海洋上，由于近洋面气温高，大量空气膨胀上升，使近洋面气压降低，周围的空气便源源不断地补充流入进来。同时，在地球自转力的影响下，流入的空气旋转起来，就形成一个气旋。上升的热气流升入高空后变冷、凝结形成水滴时，要放出热量，又促使低层空气不断上升。这样一来，近洋面气压持续降低，空气旋转得更加猛烈，这样就形成了台风。

洪水产生的原因是什么？

洪水往往发生于多雨季节。由于短时间内雨量特别多，使得绝大多数雨水通过各种溪流、沟涧、渠道汇入江河，而江河本身蓄水量有限，一时汇集而无法及时排送，便形成了灾害性洪水。除了雨水，雪是洪水的第二大来源。某些地方山上的冰雪融化，流入河道，也会大大提高河流流量。在沿海地区，海上的风暴有时会把海水推向沿海地区，造成严重的水灾。

▶ 洪水泛滥

74

山体滑坡是如何发生的？

山坡上的岩石层和土层，在受到地下水和雨水的侵蚀及河流的冲刷后，会慢慢与倾斜的山坡脱离。到了一定程度，这些岩石层和土层就开始向下移动，山体滑坡就发生了。

▶ 暴雨后，山坡上的石头会被水冲下，形成山体滑坡

泥石流是什么原因造成的？

泥石流是因山体松动造成的，多发生于山地高原地区或高原冰川区。这种地方地势陡峭，植被较少，泥沙、石块等堆积物较多。一旦暴雨来袭或冰川解冻，石块吸足了水分，便出现松动，并顺着斜坡滑下来。随着互相挤压、冲撞，大大小小的泥石夹杂着泥浆水，汇成一股巨大的洪流滚滚而下，就形成了泥石流。泥石流往往能在短时间内流出数十万乃至数百万立方米的泥沙等物质，以致造成堵塞江河、破坏森林、摧毁道路等各种恶劣影响。

▶暴雨可造成山体松动

寒潮天气是如何形成的？

寒潮一般发生在冬季。由于它流动的速度很快，就像潮水涌来，因而被称为寒潮。北半球的寒潮多在极地、西伯利亚或蒙古等地形成。北极地区光照弱，地面和大气获得热量少，常年冰天雪地。到了冬天，太阳光的直射位置越过赤道，到达南半球，北极地区的寒冷程度就会增强，范围扩大。当范围很大的冷气团聚集到一定程度，在适宜的高空大气环流作用下，就会大规模向南入侵，形成寒潮天气。寒潮常带来大风、降温及降雪天气，使牧区遭受"白灾"，牲畜大批死亡，是一种灾害性天气。

▶渤海湾寒潮

寒潮到来之前是热还是冷？

每次寒潮来临前，总要热上一两天。这是为什么呢？

在寒潮来临之前，我国近地面空气以下沉为主，地面温度较高，因此，我国大部分地区天气晴好，大气稳定，气温略微升高。当源于西伯利亚、蒙古高原的寒冷空气，经过一定时间的聚积、增强，与我国北方大气压力的差异越来越大，达到一定程度时，就会离开原地，迅速往南，给我国带来大范围的降温天气。所以，寒潮到来之前短暂的升温，是寒潮暴发的重要条件和前兆。

海啸是如何发生的?

其实,发生海啸的主要原因是海底地壳变动,比如水下地震、火山爆发或水下塌陷和滑坡等。当海底地壳发生下陷或者上升时,就会引起剧烈的震动,从而产生波长特别长的巨大波浪,这就是海啸。海啸掀起的狂涛骇浪,高度可达几十米,形成"水墙"。另外,海啸波长很大,比海洋的最大深度还要大,轨道运动在海底附近也没受多大阻滞,不管海洋深度如何,波都可以传播过去。

▶ 印度洋海啸

山崩是什么原因引起的？

　　山崩是指岩石在重力作用下发生的坍塌现象。山崩经常发生在山区较陡的地方，山坡越陡，土石就越容易下滑，山崩就越容易发生。此外，暴雨、洪水和地震是引起山崩的主要因素，而且山崩也常在大雨之后发生，因为雨水渗入地下，增加了土石的重量和下滑力。有时山石剥落受重力作用也会产生山崩，由于山崩，大地也会震动，在这种情况下，因果关系就颠倒过来了，不是地震引起山崩，而是山崩引起地震。

▶由山崩引发的洪水

▶地震后断裂的地面

地震是如何发生的?

地球表面看起来很平静,其实地球上经常发生地震。地震绝大多数是由地壳运动引起的。地球内部总是在不断地运动,这种运动的力量特别大,能推动地球表面坚硬的岩石圈发生变化。当岩石圈无法承受这种巨大的力量时,就会发生断裂或错动。如果断裂来得非常突然且很巨大时,就会产生破坏力极大的地震波,波动传到地面,地震就发生了。地震发生的原因有很多,比如太阳和月亮对地球的引力作用、大气或水对地面压力的变化、火山爆发时的冲击力、地下石灰岩层的溶洞发生塌落等,都会引起地震。

火山喷发是怎么回事?

地球内部的温度非常高，甚至可以熔化大部分岩石。岩石熔化后，便以液体的形态存在，这就是岩浆。岩浆温度很高，由于平时被地壳紧紧包住，很难自由流动。但地球内部的压力大小不一，比如在地壳较薄或有裂隙的地方，地下的压力相对较小，岩浆中的气体和水就有可能分离出来，加强岩浆的活动力，推动岩浆冲出地表。岩浆冲出地面，其中的气体和水蒸气迅速分离，体积急剧膨胀，火山喷发就发生了。

▶火山喷发

part 4

有趣的植物

▶小麦的茎就是空心的

植物的空心茎是怎么形成的？

倘若切开植物的茎，我们看到最外层的是表皮，上面长着一些毛或刺；表皮里面是皮层，皮层中有一些薄壁组织和比较坚固的机械组织。这两层都比较薄，从皮层再往里面看，就是中柱部分。中柱部分含有一个个的维管束，这是植物茎中最重要的部分，是用来输送养分和水分的组织。中柱部分的正中心叫作髓，面积很大，都是些很大的薄壁细胞，功用是储存养料。有些植物如小麦、水稻、芹菜等，它们的茎是空心的，为什么会出现空心茎呢？

这是因为这些植物茎中髓的部分早已经萎缩消失，髓退化消失就好比建筑物中的填充物消失了，并不会影响到建筑的梁架，反而在髓退化消失之后，这些植物可将更多的养料用于建造机械组织和维管束部分，把它们建造得更加坚固。所以，茎中空的植物不容易折断或倒伏，非常坚实，这更利于植物的生存。

草和树叶为何都是绿色的?

在地球上，许多植物都是绿色的，这是因为它们的叶片里含有许多微小的绿色颗粒，叫作叶绿体。在叶绿体的基粒中，含有叶绿体色素。色素分叶绿素和类胡萝卜素，其中，叶绿素分叶绿素 a 和叶绿素 b，主要吸收红橙光与蓝紫光；类胡萝卜素分胡萝卜素和叶黄素，主要吸收蓝紫光。叶绿体中的色素不只吸收红橙光和蓝紫光，还吸收其他波长的可见光，但它们对绿光的吸收量很少，所以许多植物都是绿色的。

▶ 绿色的田野

▶森林里的树木

森林里的树为何又高又直？

　　为了让树木长得又高又直，人们往往对其进行人工修剪，但森林中的树木在没有人工修剪的情况下，也都长得又高又直，这是为什么呢？

　　森林中的树木多数长得又高又直，连树枝和树叶都长在树顶上，这和森林里拥挤的环境是分不开的。森林里树木密集，得到阳光的机会比单独生长的树木要少，为了生存，树木争先恐后地向上长。树木密集的地方通风差，处于低处的树枝因为得不到充足的阳光就不能制造养料，在消耗完了自身的养分后，枝叶就自然枯死了，这叫"自然整枝"。树顶的枝叶因为达到了一定的高度，就能得到充足的阳光，根又不断输送着水分和无机盐，这样就能得到所需要的营养。因此，高处的枝叶生命力强，长势好，树木也就越长越高，越长越直了。

野草"烧不尽"是怎么回事?

　　小草虽然很不起眼,但它的生命力却极其顽强,这与它的根是密不可分的。草的根很多,而且都深深扎进泥土深处。所以,即便在干旱缺水的地方,或是坑坑洼洼的石子路上,它都可以利用光合作用制造出自己所需的养分。另外,草的呼吸性能较差,相对消耗的能量也就少,这也是它能不断生长的一个原因。正是因为野草这种根系深可以保持更多营养及消耗能量低的特点,在秋冬时节,人们为了除草而用火烧其实只是破坏了草的枯叶,而不能伤害到它的根,等到了春天,它就又焕发了生机。

▶ 草的生命力极强

杂草为何比庄稼长得高?

　　杂草多数是小粒种草本植物,种子分布在土壤表层,而农作物的种子多数种植得比较深,所以,一旦有水分,温度适宜,杂草很快就能发芽生长,而农作物则后发芽。这样一来,杂草就比庄稼长得高,而把光线遮住了,庄稼接受不到光照,就长不起来了。这也是我们总能看到农民除草的原因。

▶杂草往往耐干旱、耐盐碱